LA

THÉORIE DES GERMES

ET

SES APPLICATIONS

A LA MÉDECINE ET A LA CHIRURGIE

LECTURE FAITE A L'ACADÉMIE DE MÉDECINE

PAR M. PASTEUR

EN SON NOM ET AU NOM DE MM. JOUBERT ET CHAMBERLAND

Le 30 Avril 1878

PARIS

G. MASSON, ÉDITEUR

LIBRAIRE DE L'ACADÉMIE DE MÉDECINE

Boulevard Saint-Germain, en face de l'École de Médecine

1878

LA
THÉORIE DES GERMES
ET
SES APPLICATIONS
A LA MÉDECINE ET A LA CHIRURGIE

(*Séance du* 30 *avril* 1878.)

M. PASTEUR : Les sciences gagnent toutes à se prêter un mutuel appui. Lorsque, à la suite de mes premières communications sur les fermentations, en 1857-1858, on put admettre que les ferments proprement dits sont des êtres vivants, que des germes d'organismes microscopiques abondent à la surface de tous les objets, dans l'atmosphère et dans les eaux, que l'hypothèse d'une génération spontanée est présentement chimérique, que les vins, la bière, le vinaigre, le sang, l'urine et tous les liquides de l'économie n'éprouvent aucune de leurs altérations communes au contact de l'air pur, la médecine et la chirurgie jetèrent les yeux sur ces clartés nouvelles. Un médecin français, le docteur Davaine, fit la première application heureuse de ces principes à la médecine, en 1863.

Nos recherches de l'an dernier ont laissé l'étiologie de la maladie putride ou septicémie beaucoup moins avancée que celle du charbon. Nous avions rendu très-probable que la septicémie relève de la présence et de la multiplication d'un organisme microscopique, mais la démonstration rigoureuse de cette importante conclusion n'était pas faite. Pour affirmer expérimentalement qu'un organisme microscopique est réellement agent de maladie et de contagion, je ne vois d'autre moyen, dans l'état actuel de la science, que de soumettre le *microbe* (nouvelle et heureuse expression proposée par M. Sédillot) à la méthode des cultures successives en dehors de l'économie. Notons que par douze cultures, chacune d'un volume de dix centimètres cubes seulement, la goutte originelle est diluée autant que si elle l'avait été dans un volume liquide égal au volume total de la terre. C'est précisément le genre d'épreuves auquel nous avons soumis la bactéridie charbonneuse, M. Joubert et moi. Après l'avoir cultivée un grand nombre de fois dans un liquide privé de toute virulence, chaque culture ayant pour semence une gouttelette de la culture précédente, nous avons constaté que le produit de la dernière culture était capable de se multiplier et d'agir dans le corps des animaux en leur donnant le charbon avec tous les symptômes de cette affection.

Telle est la preuve, suivant nous indiscutable, que le charbon est la maladie de la bactéridie.

En ce qui concerne le vibrion septique, nos recherches n'avaient pas porté aussi loin la conviction. Aussi, est-ce à combler cette lacune que nous nous sommes tout d'abord attachés, à la reprise de nos expériences. Dans ce but nous avons tenté la culture du vibrion septique, prélevé sur un animal mort de septicémie. Chose digne de remarque, toutes nos premières expériences ont échoué, malgré la variété des milieux de culture dont nous nous sommes servis : urine, eau de levûre de bière, bouillon de viande, etc.

Nos liquides ne restaient pas inféconds, mais nous obtenions le plus souvent un organisme microscopique n'offrant aucun rapport avec le vibrion septique et ayant la forme, d'ailleurs très-commune, de chapelets de petits grains sphériques d'une extrême ténuité et sans virulence d'aucune sorte. C'était une impureté semée à notre insu en même temps que le vibrion septique et dont le germe passait sans doute des intestins, toujours enflammés et distendus chez les animaux septicémiques, dans la sérosité abdominale où nous prenions, à l'origine, la semence du vibrion septique. Si cette hypothèse, au sujet de l'impureté de nos cultures, était fondée, nous devions vraisemblablement obtenir le vibrion septique pur en allant le chercher dans le sang du cœur d'un animal mort récemment de septicémie. C'est ce qui arriva, mais une difficulté nouvelle apparut. Toutes nos cultures devinrent stériles. Bien plus, cette stérilité se joignait à la perte de la virulence de la semence dans le liquide de culture.

L'idée nous vint que le vibrion septique pourrait être un organisme exclusivement anaérobie et que la stérilité de nos liquides ensemencés devait tenir à ce que le vibrion était tué par l'oxygène de l'air en dissolution dans ces liquides. L'Académie se souviendra peut-être que j'ai constaté autrefois des faits du même ordre sur le vibrion de la fermentation butyrique, qui non-seulement vit sans air, mais que l'air tue (1).

Il fallait donc essayer de cultiver le vibrion septique dans le vide ou en présence de gaz inertes tels que le gaz acide carbonique. Les faits répondirent à notre attente : le vibrion septique se développe avec facilité dans le vide parfait, avec une facilité non moins grande en présence de l'acide carbonique pur.

Ces résultats avaient un corollaire obligé. En exposant un liquide chargé de vibrions septiques au contact de l'air pur, on devait tuer les vibrions et supprimer toute virulence. C'est ce qui arrive. Qu'on place quelques gouttes de sérosité septique, étalée en très-mince épaisseur dans un tube couché horizontalement et en moins d'une demi-journée, le liquide deviendra absolument inoffensif, alors même qu'il était, au début, à ce point virulent, qu'il entraînait la mort par l'inoculation d'une très-minime fraction de goutte.

Il y a plus : tous les vibrions qui remplissent à profusion le liquide sous forme de fils mouvants se détruisent et disparaissent. On ne trouve, après l'action de l'air, que de fines granulations amorphes, impropres à toute culture, non moins qu'à la communication d'une maladie quelconque. On dirait que l'air brûle les vibrions.

S'il est terrifiant de penser que la vie puisse être à la merci de la multiplication de ces infiniment petits, il est consolant aussi d'espérer que la science ne restera pas toujours impuissante devant de tels ennemis, lorsqu'on la voit, prenant à peine

(1) Ce vibrion n'est-il pas le même que le septique ? c'est une étude que nous avons commencée.

possession de leur étude, nous apprendre, par exemple, que le simple contact de l'air suffit parfois pour les détruire.

Mais si l'oxygène détruit les vibrions, comment donc la septicémie peut-elle exister, puisque l'air atmosphérique est partout présent ? Comment accorder ces faits avec la théorie des germes? Comment du sang, exposé au contact de l'air, peut-il devenir septique par les poussières que l'air renferme?

Tout est caché, obscur, et matière à discussion quand on ignore la cause des phénomènes: tout est clarté quand on la possède. Ce que nous venons de dire n'est vrai que d'un liquide septique chargé de vibrions adultes, en voie de génération par scissiparité; les choses sont différentes quand les vibrions se sont transformés dans leurs germes, c'est-à-dire dans ces corpuscules brillants, décrits et figurés pour la première fois dans mes études sur la maladie des vers à soie, précisément à l'occasion des vibrions des vers morts de la maladie dite *flacherie*. Les vibrions adultes seuls disparaissent, se brûlent et perdent leur virulence au contact de l'air; les corpuscules-germes dans ces conditions se conservent, toujours prêts pour de nouvelles cultures et de nouvelles inoculations.

Tout ceci ne résout pas encore la difficulté de savoir comment il peut exister des germes septiques à la surface des objets, flottants dans l'air et dans les eaux. Où ces corpuscules peuvent-ils prendre naissance? Eh bien! rien de plus facile que la production de ces germes, malgré la présence de l'air en contact des liquides septiques.

Que l'on prenne de la sérosité abdominale, à vibrions septiques, tous ceux-ci en voie de génération par scission, et qu'on expose ce liquide au contact de l'air comme nous le faisions tout à l'heure, avec la seule précaution toutefois de lui donner une certaine épaisseur, ne fût-elle que de 1 centimètre, et en quelques heures voici l'étrange phénomène auquel on assiste. Dans les couches supérieures, l'oxygène est absorbé, ce que manifeste déjà le changement de couleur du liquide. Là, le vibrion meurt et disparaît. Dans les couches profondes, au contraire, au fond de ce centimètre d'épaisseur du liquide septique que nous supposons mis en expérience, les vibrions, protégés contre l'action de l'oxygène par leurs frères qui périssent au-dessus d'eux, continuent de se multiplier par scission ; puis, peu à peu, ils passent à l'état de corpuscules-germes avec résorption du restant du corps du vibrion filiforme. Alors, à la place des fils mouvants de toutes dimensions linéaires, dont la longueur dépasse souvent le champ du microscope, on ne voit plus qu'une poussière de points brillants, isolés ou enveloppés d'une gangue amorphe, à peine visible (1). Et voilà formée, vivante de la vie latente des germes, ne craignant plus l'action destructive de l'oxygène, voilà, dis-je, formée la poussière septique, et nous sommes armés pour l'intelligence de ce qui tout à l'heure nous paraissait si obscur; nous pouvons comprendre l'ensemencement des liquides putrescibles par les poussières de l'atmosphère ; nous pouvons comprendre la permanence des maladies putrides à la surface de la terre.

Que l'Académie me permette de ne pas abandonner ces curieux résultats sans faire ressortir une de leurs principales conséquences théoriques. Au début de ces recherches, car elles commencent à peine, quoique déjà un monde nouveau s'y révèle, que doit-on demander avec le plus d'insistance ? C'est la preuve péremptoire qu'il existe des maladies transmissibles, contagieuses, infectieuses, dont la cause réside essentiellement et uniquement dans la présence d'organismes microscopiques. C'est la preuve que, pour un certain nombre de maladies, il faut abandonner à tout jamais les idées de virulence spontanée, les idées de contage et d'éléments infectieux naissant tout à coup dans le corps de l'homme et des animaux et propres à donner origine à des maladies qui vont se propager ensuite, sous des formes cependant identiques à elles-mêmes; toutes opinions fatales au progrès médical et qu'ont enfantées les hypothèses gratuites de génération spontanée, de matières albuminoïdes-ferments, d'hémiorganisme, d'archebiosis et tant d'autres conceptions sans fondement dans l'observation.

Ce qu'on doit rechercher, dans l'espèce, c'est la preuve qu'à côté de notre vibrion il n'y a pas une virulence indépendante,

(1) Dans notre note du 16 juillet 1877, il est dit que le vibrion septique n'est pas tué par l'oxygène de l'air, ni par l'oxygène à haute tension, qu'il se transforme dans ces conditions en corpuscules-germes. Il y a là une interprétation erronée des faits. Le vibrion est tué par l'oxygène, et ce n'est que quand il est en épaisseur qu'il se transforme, en présence de ce gaz, en corpuscules-germes et que sa virulence peut se perpétuer.

propre à des matières liquides ou solides, qu'enfin le vibrion n'est pas seulement un épiphénomène de la maladie dont il est le compagnon obligé. Or, que voyons-nous dans les résultats que je viens de faire connaître? nous voyons un liquide septique, pris à un certain moment, alors que les vibrions ne sont pas encore transformés en germes, perdre toute virulence par le simple contact de l'air, conserver au contraire cette virulence, quoique exposé à l'air, à la seule condition d'avoir été en épaisseur pendant quelques heures. Dans le premier cas, après perte de la virulence au contact de l'air, le liquide est incapable de reprendre celle-ci par la culture; mais dans le second cas il conserve et peut propager de nouveau cette virulence, même après qu'il a été exposé au contact de l'air. Il n'est donc pas possible de soutenir qu'en dehors et à côté du vibrion adulte ou de son germe il y ait une matière virulente propre, liquide ou solide. On ne peut même pas supposer une matière virulente qui perdrait sa virulence juste en même temps que périt le vibrion adulte; car cette prétendue matière devrait également perdre sa virulence lorsque les vibrions transformés en germes sont exposés au contact de l'air. Puisque dans ce cas la virulence persiste, celle-ci ne peut être que le fait de la présence exclusive des corpuscules-germes. Il n'y a qu'une hypothèse possible pour l'existence d'une matière virulente à l'état soluble, c'est qu'une telle matière, qui serait en quantité insuffisante pour tuer dans nos expériences d'inoculation, serait incessamment fournie par le vibrion lui-même pendant qu'il est en voie de propagation dans le corps de l'animal vivant. Mais qu'importe, puisque cette hypothèse suppose l'existence primordiale et nécessaire du vibrion.

Elle a été faite, cette supposition, et pour la confirmer des travaux sans nombre ont été entrepris de l'autre côté du Rhin.

Le docteur Panum, aujourd'hui professeur à Copenhague, et à sa suite un grand nombre de physiologistes allemands, se sont arrêtés à l'idée que la putréfaction développe dans les matières qui s'y trouvent soumises un poison soluble que ni la coction ni une distillation répétée pendant plusieurs heures ne peuvent atteindre dans ses propriétés, pas plus que des réactions chimiques de cet ordre ne sauraient supprimer les effets de la morphine ou de la strychnine. Ce poison chimique est désigné, par le docteur Bergmann et ceux qui l'ont suivi dans cette voie, du nom de sepsine. Nous avons recherché ce poison dans les muscles et dans les liquides du corps des animaux morts de septicémie; nous ne l'y avons pas découvert jusqu'à présent, et nous croyons posséder l'explication des faits observés par les physiologistes allemands. Les détails dans lesquels il faudrait entrer pour en rendre compte m'entraîneraient au delà des bornes obligées de cette communication.

J'ai souvent rappelé devant cette Académie qu'il existe des êtres microscopiques-ferments de propriétés physiologiques diverses, depuis le *mycoderma aceti*, essentiellement aérobie, jusqu'à la levûre de bière, qui est à la fois aérobie et anaérobie, et j'ai souvent insisté sur cette circonstance que la vie qui se manifeste même pendant un temps très-court, en dehors de toute participation du gaz oxygène libre, entraîne aussitôt des phénomènes de fermentation.

Nous venons de rencontrer dans le vibrion de la septicémie un microbe exclusivement anaérobie, puisqu'il ne peut se développer que dans le vide ou en présence de gaz inertes. Il doit donc être ferment. C'est ce qui existe. Tant que dure la multiplication du vibrion par scissiparité, sa vie s'accompagne d'un dégagement de gaz acide carbonique, de gaz hydrogène, d'un peu d'azote et de très-faibles quantités de gaz putrides. Ces gaz ne cessent de se produire qu'au moment où va s'accomplir la transformation du vibrion en corpuscules-germes.

Ce dégagement gazeux pendant la vie du vibrion explique le ballonnement très-rapide des animaux morts de septicémie et l'état emphysémateux du tissu conjonctif, particulièrement en certains points du corps, les aines, les aisselles, où l'inflammation est quelquefois excessive.

Je dois ajouter sans plus tarder que tous les vibrions ne sont pas anaérobies, que l'un des plus communs qu'on trouve fréquemment à la surface des infusions des matières organiques végétales exposées au contact de l'air, vibrion très-flexueux et très-rapide dans ses mouvements, est exclusivement aérobie. Il absorbe l'oxygène et exhale de l'acide carbonique à très-peu près en volume égal, rappelant ainsi la physiologie de la bactéridie charbonneuse. Pressé par le temps, je ne veux que signaler en passant ce vibrion, parce qu'il a été pour nous l'occasion d'observations fort dignes d'intérêt. Ce vibrion est inoffensif. Introduit sous la peau, il n'entraîne que des désordres locaux de peu d'importance. En comparant cette innocuité à la virulence du vibrion septique, on pourrait croire que le mode de vie si différent pour ces deux vibrions, puisque l'un est aérobie et que l'autre est anaérobie, explique l'opposition de leurs actions sur l'économie. Mais les effets de la bactéridie charbonneuse qui, elle aussi, est essentiellement aérobie et néanmoins terrible, ne permettent pas de s'arrêter à cette supposition. Si ce vibrion aérobie est inoffensif, c'est qu'il ne peut vivre à la température du corps des animaux. Vers 38 degrés déjà, ses mouvements et sa multiplication sont suspendus, et une fois inoculé il disparaît sous la peau comme digéré, si l'on peut ainsi dire.

Les nouveautés scientifiques se heurtent souvent à des préjugés. Qu'importent donc, s'écrient certaines personnes, vos bactéries et vos vibrions! Ne voit-on pas ces infiniment petits pulluler partout? Ne les voit-on pas abonder sur les linges des pansements, recouvrir même les plaies en voie de guérison? En résulte-t-il le moindre danger? De quels infiniment petits parlez-vous, répondrai-je? Nous venons d'avoir la preuve qu'à côté des vibrions les plus dangereux il en existe de fort innocents, et certes ces derniers sont loin d'être les seuls microbes dépourvus de toute virulence.

Conduits par la constatation de la cause de l'innocuité du vibrion aérobie dont je viens de parler, à instituer des expériences nombreuses sur les limites de résistance des êtres microscopiques à diverses températures, et ayant reconnu que la bactéridie charbonneuse ne se développe pas, ou très-péniblement, à des températures de 43-44 degrés dans certains liquides de culture, nous avons pensé que telle était peut-être l'explication d'un fait bien connu, quoique fort mystérieux, à savoir, que certains animaux sont réfractaires à la maladie charbonneuse. Il nous avait été impossible, dans nos expériences de l'an dernier, de donner *le charbon* à des poules. La température d'environ 42 degrés de ces gallinacés, jointe à la résistance vitale, ne s'opposerait-elle pas au développement de la bactéridie charbonneuse dans le corps de ces animaux? Si cette conjecture était fondée, nous devrions pouvoir donner facilement le charbon aux poules en abaissant la température de leur corps. La réussite de l'expérience fut immédiate. Qu'on inocule une poule avec la bactéridie charbonneuse et qu'on la place les jambes plongées dans l'eau à 25 degrés, ce qui suffit pour que la température de tout son corps descende à 37-38 degrés, température des animaux susceptibles de prendre le charbon, et en 24 ou 30 heures la poule meurt, tout son corps envahi par la bactéridie charbonneuse. Certaines expériences inverses nous ont déjà donné des résultats favorables, c'est-à-dire qu'en élevant la température d'animaux qui contractent le charbon, nous avons pu les préserver de cette affreuse maladie, aujourd'hui sans remède.

Accroître ou limiter la puissance grandiose de ces infiniment petits et confondre le mystère de leur action par un simple changement de température, est un des faits les plus propres à montrer ce qu'on peut attendre des efforts de la science, même dans l'étude des maladies les plus obscures.

Revenons encore à notre vibrion septique et comparons-le, sous le rapport de la formation de ses germes, à la bactéridie charbonneuse, afin de mieux porter dans les esprits cette conviction que les organismes microscopiques jouissent de propriétés physiologiques variées et qu'il faut s'attendre de leur part à des manifestations morbides très-diverses.

Des expériences précises nous ont appris que le vibrion septique, non-seulement peut vivre et se multiplier dans le vide le plus parfait comme dans l'acide carbonique le plus pur, mais qu'il y donne ses germes, et que le gaz oxygène libre n'est obligé d'intervenir en quoi que ce soit dans leur formation. Au contraire, la bactéridie charbonneuse, en présence du vide ou de l'acide carbonique, est absolument impropre non-seulement à vivre, ceci nous le savons, mais à se transformer en corpuscules germes. Cette dernière recherche est toutefois des plus délicates. Si peu qu'il reste d'air dans les tubes où on fait le vide et où l'on cultive la bactéridie charbonneuse, des corpuscules germes apparaissent, à tel point que les pompes à mercure les plus parfaites sont souvent insuffisantes à prévenir le phénomène. Nous avons dû combiner l'emploi du vide de ces pompes avec celui de liquides propres à absorber les plus faibles traces d'oxygène, avant de pouvoir nous convaincre que la bactéridie charbonneuse est essentiellement aérobie à toute époque de son existence. Quelle différence donc entre le vibrion septique et cette bactéridie, et n'est-il pas remarquable de voir se multiplier dans l'organisation animale des êtres aussi dissemblables par leur mode de nutrition!

Une autre question non moins intéressante est celle de savoir si les corpuscules germes du vibrion septique, quoique formés dans le vide ou dans le gaz carbonique pur, n'auraient pas besoin pour renaître à la vie de faibles quantités d'oxygène. La physiologie ne connaît pas aujourd'hui de germination possible hors du contact de l'air. Eh bien! néanmoins, l'expérience prouve que les germes du vibrion septique sont absolument stériles au contact de l'oxygène, quelle que soit la proportion de ce gaz; mais c'est à la condition, toutefois, qu'il y ait un certain rapport entre le volume de l'air et le nombre des germes, car les premières germinations, enlevant l'air qui est en dissolution, peuvent devenir une protection pour les germes restants, et c'est ainsi qu'à la rigueur le vibrion septique peut se propager, même en présence de faibles quantités d'air, bien que cette propagation soit irréalisable si l'air afflue.

Une observation thérapeutique curieuse se présente. Que l'on suppose une plaie exposée au contact de l'air et dans des conditions d'état putride pouvant amener chez l'opéré des accidents septicémiques simples, je veux dire sans autre complication que celle qui résulterait du développement du vibrion septique. Eh bien, théoriquement du moins, le meilleur moyen auquel on pût recourir pour empêcher la mort consisterait à laver sans cesse la plaie avec une eau commune aérée ou à faire affluer à sa surface l'air atmosphérique. Les vibrions septiques adultes, en voie de scissiparité, périraient au contact de l'air; quant à leurs germes ils seraient tous stériles. Bien plus, on pourrait faire arriver à la surface de la plaie l'air le plus chargé de germes de vibrions septiques, laver la plaie avec une eau tenant en suspension des milliards de ces germes, sans provoquer pour autant la moindre septicémie chez l'opéré. Mais que, dans de telles conditions, un seul caillot sanguin, un seul fragment de chair morte se loge dans un coin de la plaie à l'abri de l'oxygène de l'air, qu'il y demeure entouré de gaz acide carbonique, ne fût-ce que sur une très-faible étendue, et aussitôt les germes septiques donneront lieu, en moins de 24 heures, à une infinité de vibrions se régénérant par scission, capables d'engendrer une septicémie mortelle à bref délai.

Les nombreuses cultures que nous avons dû faire du vibrion septique nous ont permis de constater des faits curieux touchant l'histoire naturelle des organismes microscopiques.

Un des liquides dont nous nous sommes servis pour la culture du vibrion septique est l'extrait qu'on désigne dans le commerce sous le nom de *bouillon Liebig*, après l'avoir étendu de dix fois son poids d'eau et l'avoir neutralisé ou rendu légèrement alcalin, puis porté à une température de 115 degrés pendant un quart d'heure, de façon à le rendre absolument imputrescible au contact de l'air pur. Nous avons dit que le vibrion septique est formé par de petits fils mouvants. C'est particulièrement l'aspect sous lequel on le rencontre dans la sérosité abdominale ou dans les muscles des animaux morts de septicémie, mais il est souvent associé, et particulièrement dans les muscles, surtout dans les muscles de l'abdomen, à de très-petits corps généralement immobiles, ayant la forme lenticulaire. Ces lentilles, qui portent quelquefois un corpuscule germe à une de leurs extrémités, ont été pour nous pendant longtemps un embarras et un mystère. Nos essais de culture nous ont appris heureusement qu'elles ne sont autre chose qu'une des formes du vibrion septique. Quelquefois la lentille se termine d'un côté par un appendice allongé, prenant ainsi la forme d'un battant de cloche. Nous avons vu également le vibrion septique sous la forme de petits bâtonnets extrêmement courts, dodus ou très-grêles; mais ce qui mérite le plus de surprendre, c'est la facilité avec laquelle le vibrion septique peut se reproduire sans manifester le moindre mouvement, facilité jointe à une grande diminution de virulence, bien que celle-ci ne soit pas absente. Pendant longtemps même nous avons cru que nous avions affaire à deux ou plusieurs vibrions septiques de formes et de virulences différentes et que par nos cultures nous obtenions des séparations plus ou moins complètes de ces divers vibrions. Il n'en est rien. Nous n'avons rencontré *dans la septicémie proprement dite* qu'un seul vibrion, que les milieux où on le cultive font changer d'aspect, de facilité de propagation et de virulence.

La meilleure preuve que nous n'avons eu, dans nos cultures indéfiniment répétées, qu'un vibrion unique, c'est que les dernières cultures ont pu être ramenées à leur virulence du début en changeant les liquides de ces cultures. Qu'on fasse reproduire dix, vingt, trente fois de suite le vibrion septique dans du bouillon Liebig et qu'on substitue alors au bouillon du sérum sanguin un peu chargé de coagulums fibrineux, la nouvelle culture fournira un vibrion très-septique, tuant par exemple à $\frac{1}{2000}$ de goutte, et le sang et la sérosité de l'animal mort acquerront sur-le-champ une virulence infiniment plus grande encore, avec les formes et le mouvement habituels du vibrion septique.

Retenons des faits précédents combien sont prématurées, dans l'état présent de nos connaissances, les classifications et les nomenclatures proposées pour des êtres qui peuvent changer d'aspect et de propriétés autant que nous venons de le dire par les conditions extérieures.

Dans l'étude des êtres microscopiques, toute méthode est précieuse qui peut servir à la séparation des nombreuses espèces dont l'association est si fréquente. Les propriétés des ferments, vivant sans air, nous ont mis tout à l'heure sur la voie d'une de ces méthodes. Je veux parler de la culture dans le vide, opposée à la culture en présence de l'air atmosphérique. Que des germes d'un organisme aérobie se trouvent mêlés à ceux d'un organisme anaérobie, la culture dans le vide permettra de les séparer. Il en sera de même également du mélange des germes d'une espèce tout à la fois aérobie et anaérobie. En appliquant cette méthode, en l'associant à d'autres déjà connues, quelquefois même en profitant d'un hasard heureux, comme on en rencontre toujours dans des recherches de longue haleine, nous avons reconnu que l'atmosphère et les eaux, ces grands réservoirs où aboutissent les débris microscopiques de tout ce qui a vécu, renferment des espèces assez nombreuses d'aérobies et d'anaérobies. Sans entrer dans les détails de nos observations, nous pouvons dire d'une manière générale que l'inoculation de ces organismes amène souvent des désordres mortels, qui paraissent même constituer des affections aussi nouvelles par la spécificité de leur action que par la nature des organismes inoculés. La septicémie, par exemple, qui nous a occupés tout à l'heure, n'est pas la seule. L'air et l'eau renferment les germes d'un vibrion un peu plus gros de diamètre que le vibrion septique, plus rigide, moins flexueux, de mouvements plus lents. Nous décrirons ses effets dans une autre communication.

Les expériences suivantes font connaître encore une autre méthode de séparation des germes microscopiques. Elle rentre par quelques côtés dans celle dont il vient d'être parlé.

Que l'on prenne un morceau de chair d'un poids quelconque: pour fixer les idées, ce sera un gigot de mouton volumineux, et qu'après l'avoir rapidement flambé sur tous les points de sa surface extérieure, on plonge dans l'épaisseur des tissus la lame d'un bistouri également flambé ; que dans la fente ainsi pratiquée on laisse tomber quelques gouttes d'une eau commune ou qu'on y insère une petite bourre de coton qui aura été exposée au courant d'air de la rue ; puis qu'on recouvre le gigot d'une grande cloche de verre ; qu'enfin on fasse la même expérience *à blanc*, c'est-à-dire avec une même masse de chair flambée et quelques gouttes d'eau parfaitement privées de germes vivants, condition facile à réaliser en portant préalablement une eau quelconque à la température de 110 à 120 degrés. Si l'on considère que la chair musculaire absorbe facilement l'oxygène en dégageant un volume à peu près égal d'acide carbonique, on comprendra aisément que nos gouttes d'eau se trouvent comme ensemencées à l'abri de l'air atmosphérique, en présence d'un milieu de culture favorable au développement de certains germes. D'ailleurs, il est facile de remplir les cloches qui recouvrent la chair de gaz acide carbonique pur. Voici ce que l'on constate : en un jour ou deux au plus, à une température comprise entre 30 et 40 degrés, le gigot à eau pure ne montre d'organisme microscopique dans aucune de ses parties; au contraire, celui à eau commune, alors même qu'il n'aurait reçu, par exemple, qu'une goutte d'eau de Seine, à plus forte raison une goutte d'eau d'égout, contient en chaque point de sa masse, et jusque dans tous les points de sa périphérie, des vibrions anaérobies plus ou moins rapides dans leurs mouvements et dans leur propagation.

L'expérience est plus remarquable encore lorsqu'on a déposé en un point central du morceau de chair une goutte de culture d'un vibrion à l'état de pureté, sans mélange d'autres espèces. — Le vibrion septique, entre autres, pénètre et se multiplie avec une si grande facilité, que chaque parcelle microscopique des muscles en offre par myriade ainsi que les corpuscules germes de ce vibrion. — La chair, dans ces conditions, est toute gangrénée, verte à sa surface, gonflée de gaz, s'écrase facilement en donnant une bouillie sanieuse dégoûtante. Quelle saisissante démonstration, quoique indirecte, de la résistance vitale, ou, pour me servir d'une expression tout à la fois et plus vague et plus claire, de l'influence de la vie pour combattre les conséquences si souvent désastreuses des plaies en chirurgie! Cette eau, cette éponge, cette charpie avec lesquelles vous lavez ou vous recouvrez une plaie y déposent des germes qui, vous le voyez, ont une facilité extrême de propagation dans les tissus et qui entraîneraient infailliblement la mort des opérés dans un temps très-court si la vie, dans ces membres, ne s'opposait à la multiplication de ces germes. Mais, hélas! combien de fois cette résistance vitale est impuissante, combien de fois la constitution du blessé, son affaiblissement, son état moral, les mauvaises conditions du pansement n'opposent qu'une barrière insuffisante à l'envahissement des infiniment petits dont vous l'avez recouvert, à votre insu, dans la partie lésée. Si j'avais l'honneur d'être chirurgien, pénétré comme je le suis des dangers auxquels exposent les germes des microbes répandus à la surface de tous les objets, particulièrement dans les hôpitaux, non-seulement je ne me servirais que d'instruments d'une propreté parfaite, mais après avoir nettoyé mes mains avec le plus grand soin et les avoir soumises à un flambage rapide, ce qui n'expose pas à plus d'inconvénients que n'en éprouve le fumeur qui fait passer un charbon ardent d'une main dans l'autre, je n'emploierais que de la charpie, des bandelettes, des éponges préalablement exposées dans un air porté à la température de 130 à 150 degrés; je n'emploierais jamais qu'une eau qui aurait subi la température de 110 à 120 degrés. Tout cela est très-pratique. De cette manière, je n'aurais à craindre que les germes en suspension dans l'air autour du lit du malade; mais l'observation nous montre chaque jour que le nombre de ces germes est pour ainsi dire insignifiant à côté de ceux qui sont répandus dans les poussières à la surface des objets ou dans les eaux communes les plus limpides. Et d'ailleurs rien ne s'opposerait à l'emploi des procédés antiseptiques de pansement; mais, joints aux précautions que j'indique, ces procédés pourraient être singulièrement simplifiés. Un acide phénique, non concentré, et par conséquent sans inconvénient par sa causticité pour les mains de l'opérateur ou pour sa respiration, pourrait être avantageusement substitué à un acide phénique caustique.

Le sujet qui nous occupe a trop d'importance pour que l'Académie ne m'accorde pas encore quelques minutes d'attention en me permettant de particulariser davantage et de descendre dans des détails plus précis, s'il est possible, sur les dangers de mort à la suite des amputations, ou même à la suite des plus simples blessures, car il y a plusieurs exemples avérés de mort provoqués par une saignée de précaution.

Je parlerai d'un vibrion qui n'a pas encore été signalé et dont les propriétés jettent un nouveau jour sur le grand écueil de la chirurgie, l'infection purulente.

Lorsqu'on prend pour semence d'une culture dans le vide quelques gouttes d'une eau commune, il peut arriver qu'on obtienne un seul organisme, car l'eau commune ne contient souvent que par unité certains germes, lorsqu'on la prend sous un très-petit volume et à titre de semence pour une culture déterminée. C'est là encore un précieux moyen de séparation des germes. Afin d'abréger, je ne m'arrêterai pas à la preuve de ces assertions.

Si l'on multiplie des cultures ainsi faites avec des eaux communes diverses, on rencontre souvent le vibrion dont je veux entretenir l'Académie et dont voici les principaux caractères (1). C'est un être tout à la fois aérobie et anaérobie; en d'autres termes, cultivé au contact de l'air, il absorbe l'oxygène et rend un volume égal de gaz acide carbonique sans formation de gaz hydrogène. Dans ces conditions, il n'est pas ferment. Cultivé, au contraire, dans le vide ou en présence du gaz acide

(1) En ce moment, avec l'eau qui alimente mon laboratoire, 50 fois sur 100, en quelque sorte, on obtient ce résultat.

carbonique pur, il se multiplie encore, non sans donner cette fois une véritable fermentation avec dégagement d'acide carbonique et d'hydrogène, puisque la vie s'effectue sans air. C'est une confirmation nouvelle de notre principe : *la fermentation accompagne la vie sans air*, principe qui, j'en suis persuadé, dominera un jour nos connaissances sur la physiologie de la cellule.

Dans les premières heures du développement de notre vibrion, développement dont la rapidité, principalement au contact de l'air, est considérable, il est sous la forme de petits boudins très-courts, tournoyant sur eux-mêmes, pirouettant, s'avançant en se dandinant, d'un état mou, gélatineux, flexueux, qui saute aux yeux malgré le peu de longueur des individus. Bientôt tout mouvement s'arrête, et alors il ressemble absolument au *bacterium termo*, comme celui-ci légèrement étranglé dans sa longueur, quoique spécifiquement très-différent de ce *bacterium*. Vient-on à inoculer quelques gouttes d'une culture de cet organisme sous la peau d'un cochon d'Inde ou d'un lapin, du pus commence à se former et devient visible déjà après un intervalle de quelques heures. Les jours suivants, un abcès se forme, et dans cet abcès une grande abondance de pus. Ceci, dira-t-on, n'a rien qui doive surprendre, puisqu'il est avéré dans l'état de nos connaissances qu'un objet solide quelconque, des particules de charbon, le fragment de laine que la balle pousse devant elle, font naître du pus.

J'ajouterai même que ces dernières expériences ont été réalisées par nous, avec des matières préalablement chauffées et ne contenant pas de germes microscopiques. Mais l'activité de notre microbe, considéré comme générateur de pus, lors même qu'il devrait cette propriété à son seul titre de corps solide, est augmentée sensiblement par le fait de sa multiplication possible dans le corps des animaux.

Pour s'en convaincre, il suffit de faire l'expérience suivante : on partage en deux moitiés une culture de cet organisme ; l'une est chauffée à une température de 100° ou 110°, qui tue le microbe, sans altérer en quoi que ce soit ni sa forme ni son volume ; puis on inocule séparément, à deux animaux semblables, des portions égales de la moitié chauffée et de la moitié non chauffée. On constate alors aisément que celle-ci donne beaucoup plus de pus que la première, qui en fournit cependant à la manière de tout corps solide inerte. Ajoutons que, si l'on ensemence séparément les pus formés sur les deux animaux vivants, celui qui provient de l'animal qui a reçu les organismes chauffés est absolument stérile, tandis que le pus de l'animal qui a reçu les organismes non chauffés reproduit facilement et en abondance ce même organisme.

Dans tous les cas, voici un nouvel organisme microscopique pouvant vivre dans le corps des animaux. Nous connaissons la bactéridie charbonneuse et le vibrion septique, agents de contagion, de maladie et de mort, non parce qu'ils fabriquent des poisons chimiques, mais parce que l'économie animale peut leur servir de milieu de culture. Nous avons maintenant une troisième espèce également capable de se multiplier dans le corps vivant et d'y provoquer un état pathologique différent, comme on vient de le voir, des manifestations morbides qui naissent à la suite de l'inoculation de la bactéridie charbonneuse ou du vibrion septique. C'est là une preuve que le pus formé par notre organisme est lié à la spécificité de sa structure. La quantité de pus, par exemple, que fournissent la bactéridie et le vibrion septique, au point d'inoculation et ailleurs, est si peu sensible qu'elle passe souvent inaperçue.

Notre nouveau microbe inoculé sous la peau y reste-t-il confiné dans tous les cas? ne peut-il, à l'exemple de la bactéridie ou du vibrion septique, se répandre dans le corps après qu'il a été introduit sous la peau? L'expérience répond affirmativement. Le microbe dont il s'agit peut se propager dans tous les muscles, pénétrer dans le sang, dans le poumon et dans le foie, et déterminer dans ces organes la formation de foyers purulents, d'abcès métastatiques, en un mot l'infection purulente et la mort. Cet envahissement de tout le corps est néanmoins beaucoup plus difficile que par la bactéridie charbonneuse ou par le vibrion septique. Tandis que l'inoculation des plus petites quantités de ces derniers organismes amène pour ainsi dire infailliblement la mort, celle de notre microbe, pour des proportions équivalentes, se borne à la production d'abcès qui guérissent, soit parce qu'ils s'ouvrent d'eux-mêmes et suppurent, soit parce que le pus se résorbe et que le microbe qui l'accompagne disparaît, vaincu par ce que j'appelais tout à l'heure la vie, la résistance vitale, la *natura medicatrix*. Cependant si l'on exagère par le nombre des inoculations le nombre des abcès, il arrive fréquemment que la guérison de ces derniers ne peut s'effectuer, et c'est alors que le microbe pénètre partout et que les muscles et le foie en sont comme imprégnés.

Nous avons dit que ce nouvel organisme préalablement porté à une température de 100 ou 110 degrés et tout à fait privé de vie, quoique gardant sa forme et son volume, provoque, quand on l'inocule sous la peau, et à la manière des corps solides inertes, des abcès formés par un pus tout à fait pur, sans odeur, privé d'organismes vivants microscopiques. Ce mode d'inoculation ne nous a pas permis encore de faire naître des abcès dans les viscères. Dans ces conditions, le microbe tué n'a agi que localement. Mais de même qu'en injectant directement, dans le sang, des corps inertes, on peut provoquer la formation d'abcès métastatiques, de même il est facile d'obtenir de tels abcès, soit par le microbe vivant, soit par le microbe mort, en faisant pénétrer les matières par la veine jugulaire. Dans ce cas, le poumon et particulièrement le foie se remplissent en vingt-quatre heures d'une multitude infinie d'abcès métastatiques à tous les états de leur évolution, depuis la tache simplement inflammatoire jusqu'à la petite pustule blanche remplie de pus, entourée d'une auréole rougeâtre ; mais sous le rapport de la guérison, c'est-à-dire de la disparition des abcès, les choses se passent autrement dans les deux sortes d'inoculation. Souvent l'animal inoculé par le microbe vivant meurt rapidement, et une partie pour ainsi dire quelconque du foie ou du poumon ensemencée dans un liquide inerte reproduit le microbe. Si les suites de l'inoculation ne sont pas mortelles, la disparition des abcès et du microbe dans les viscères est plus lente que dans les cas où on a inoculé le microbe mort.

Mais il faut retenir des essais précédents que le pus accompagné d'êtres vivants microscopiques dont la vie est possible dans l'économie animale amène des désordres plus grands et des résorptions plus difficiles que le pus qu'on peut appeler pur.

Nous avons donc ici l'exemple d'infection purulente localisée dans les viscères et provoquée par des corps étrangers ou du pus entièrement privé d'organismes vivants. C'est le cas de l'épine de Van Helmont. Un corps étranger amène la formation du pus; les globules du pus eux-mêmes ont cette faculté, et c'est ainsi qu'il est vrai de dire métaphoriquement que le pus engendre le pus.

Si j'en avais le temps, je m'arrêterais à décrire la résorption des abcès métastatiques. C'est un phénomène curieux à suivre dans ses détails, et ce qui est particulièrement intéressant à observer, c'est la facilité avec laquelle la nature, prenant le dessus, se débarrasse de foyers purulents qui recouvrent quelquefois à profusion tous les lobes du foie.

Il y a un autre point de nos études dont j'aurais désiré entretenir l'Académie, je veux parler de la formation même du pus. Mais nous arrivons à des résultats si opposés à ceux qui ont cours dans la science, et il est si difficile de conclure dans ces très-délicates recherches, que je dois remettre ce soin à une communication ultérieure. Pour nous, présentement, ce seraient les globules rouges du sang qui feraient les globules de pus par une transformation pure et simple des premiers dans les seconds. Mais dans les sciences dites d'observation, l'illusion est si facile, quand on ne s'appuie que sur l'observation!

J'ai hâte d'arriver à un autre ordre de faits qui mérite, plus encore que ce qui précède, l'attention du chirurgien, je veux parler des effets de notre microbe générateur de pus quand il est associé au vibrion septique. Rien de plus facile alors que de superposer en quelque sorte deux maladies distinctes, et de produire ce qu'on pourrait appeler une infection purulente septicémique ou une septicémie purulente. Tandis que le microbe générateur de pus forme, lorsqu'il est seul, un pus lié, blanc, à peine teinté de jaune ou de bleuâtre, nullement putride, diffus ou enveloppé de ce qu'on a appelé une membrane pyogénique, n'offrant le plus souvent aucun danger, surtout s'il est localisé dans le tissu cellulaire, prêt enfin, si l'on peut ainsi dire, pour une résorption prompte, le moindre abcès, au contraire, que détermine ce microbe, quand il est associé au vibrion septique, prend un aspect blafard, gangréneux, putride, verdâtre, infiltré dans des chairs ramollies. Dans ce cas, le microbe générateur de pus, porté, pour ainsi dire, par le vibrion septique, accompagne ce dernier dans tout le corps; les muscles, très-enflammés, pleins de sérosité, montrant même un peu partout des globules de pus, sont comme pétris des deux organismes.

Par un artifice analogue, on peut combiner les effets de la bactéridie charbonneuse et du microbe générateur de pus, et obtenir également la superposition de deux maladies, c'est-à-dire un charbon purulent ou une infection purulente charbonneuse. Toutefois, il ne faut pas exagérer la prédominance de l'action du microbe nouveau sur celle de la bactéridie; si le microbe est associé à celle-ci en suffisante proportion, il peut l'étouffer complétement, c'est-à-dire empêcher qu'elle ne se multiplie dans le corps. Le charbon n'apparaît pas, et le mal, tout local, se réduit à la formation d'un abcès dont la guérison est facile. Le microbe générateur de pus et le vibrion septique étant tous deux anaérobies, d'après nos démonstrations de tout à l'heure, on comprend que le septique ne soit pas beaucoup gêné par son voisin. Les aliments nutritifs, liquides ou solides, ne manquent guère dans l'organisme pour de si petits êtres. Mais la bactéridie charbonneuse est exclusivement aérobie, et la proportion d'oxygène est loin d'être répandue à profusion en tous les points du corps; du moins mille circonstances peuvent la diminuer ou la supprimer, ici ou là, et comme le microbe générateur de pus est également un être aérobie, on comprend que par sa quantité un peu exagérée à côté de la bactéridie, il puisse enlever facilement à celle-ci l'oxygène qui lui est nécessaire. Peu importe d'ailleurs l'explication du fait; il est certain que le microbe dont il s'agit empêche, en certaines circonstances, tout développement de la bactéridie. L'an dernier déjà nous avions rencontré un fait de tout point semblable à celui-ci.

En résumé, on voit par les détails qui précèdent que l'on peut produire à volonté des infections purulentes exemptes de tout élément putride, des infections purulentes putrides, des infections purulentes charbonneuses, des combinaisons variables de ces sortes de lésions, selon les proportions des microbes spécifiques que l'on fait agir sur l'organisme vivant.

Tels sont les principaux faits que j'avais à communiquer à l'Académie, en mon nom et au nom de mes collaborateurs, MM. Joubert et Chamberland.

L'Académie se souviendra qu'au cours de la discussion chirurgicale pendante devant elle, j'ai présenté une série de propositions sans les démontrer. Toutes ces propositions se trouvent établies dans la lecture que je viens de faire.

Il y a quelques semaines (séance du 11 mars dernier), un des membres de la section de médecine et de chirurgie de l'Académie des sciences, M. Sédillot, après avoir longuement médité sur les enseignements d'une brillante carrière, n'hésitait pas à déclarer que les succès comme les revers en chirurgie trouvaient une explication rationnelle dans les principes sur lesquels repose la théorie dite des germes, et que celle-ci donnerait lieu à une chirurgie nouvelle, déjà inaugurée par un célèbre chirurgien anglais, le docteur Lister qui, un des premiers, en a compris la fécondité. Sans aucune compétence professionnelle, mais avec la conviction de l'expérimentateur autorisé, j'oserais répéter ici les paroles de notre éminent confrère.

PARIS. — IMPRIMERIE DE E. MARTINET, RUE MIGNON, 2

www.ingramcontent.com/pod-product-compliance
Ingram Content Group UK Ltd.
Pitfield, Milton Keynes, MK11 3LW, UK
UKHW022151260726
13993UKWH00005B/2305

9 782329 306780